AF222873

mit Engeln leben

suraya-buecher.de

Buch

Engel wandeln seit Anbeginn der Zeit auf unserem Planeten Erde, sie beschützen und führen den Menschen. Innere Engel, beleben die Chakren des inneren, menschlichen Körpers. Arbeiten wir mit ihnen, so aktivieren wir unsere Selbstheilungskräfte. Bestimmte Engel heilen nicht nur den Menschen, sondern durch ihn auch die Natur. Wir können anderen Menschen Heilung zukommen lassen, indem wir ihnen Engel schicken. Laden wir Engel bewusst in unser Leben ein, so unterstützen sie uns tatkräftig im Alltag. Auf der Internetseite zum Buch, können die LeserInnen von ihren Erlebnissen berichten.

Autorin

Suraya gestaltet hauptberuflich Gärten und Freiräume, die zum Wohlfühlen einladen. Sie lebt und arbeitet in Süddeutschland.

von Suraya außerdem bei BoD

mit Naturwesen leben
Glücklich SEIN

Suraya

mit Engeln leben

Lass Dich führen und begleiten

Bibliografische Information der Deutschen Nationalbibliothek: Die Deutsche Nationalbibliothek verzeichnet diese Publikation in der Deutschen Nationalbibliografie; detaillierte bibliografische Daten sind im Internet über http://dnb.d-nb.de abrufbar.

Herstellung und Verlag: Books on Demand GmbH, Norderstedt

Umschlaggestaltung: Suraya
Umschlagmotiv: photocase.com © Nadine Platzek
Illustrationen: © Suraya

ISBN: 9783839128619

Inhalt

Mein himmlischer Begleiter Nathael

Wichtel Alfons und seine Familie kamen vor einem Jahr zu mir, mit der Botschaft diesen und weitere spirituelle Ratgeber zu schreiben. Da ich mir damals das Schreiben überhaupt nicht zutraute, verwirrte mich seine Nachricht erst einmal ordentlich. Mit der Zeit lernte ich über das Herz zu lauschen und nieder zuschreiben, was mir Alfons oder die Engel erzählten. Alfons und seine Wichtelfamilie lebten bei mir zu Hause. Zwar hatte ich sie nicht gerufen, doch freute ich mich sehr und wollte gemeinsam mit ihnen die Mission erfüllen. Tatkräftig unterstützte mich Alfons bereits bei meinem ersten spirituellen Ratgeber „mit Naturwesen leben". Dieser war erfolgreich geschrieben und illustriert, an verschiedene Verlage verschickt und sollte gebührend gefeiert werden. In meinem Zimmer, ich wohnte noch in einer WG, hatte ich meinen Wichteln ein kuscheliges Plätzchen zugewiesen. Oft forderten sie mich zum Tanz auf, so auch an jenem Abend. Wir tanzten im Kreis, um eine Kerze. Mal tanzte einer von uns eine Bewegung vor, dann tanzten wir anderen sie nach. Zum Glück sah mich niemand, oft fühlte ich mich dabei ziemlich lächerlich. Aber was sollte ich machen, auch wenn man meine lieben Wichtel nicht sah, sie waren doch da! Wir hielten uns an den Händen, ich fühlte ihre Energie als leichtes Kribbeln. Mit geschlossenen Augen konnte ich meine tanzenden

Mitbewohner schemenhaft erkennen. Ich sah wie sie gekleidet waren und mit welchen Bewegungen sie tanzten. Manchmal erkannte ich sogar ihren Gesichtsausdruck. An jenem Abend, wurde ich melancholisch, wohl weil das erste Werk vollbracht war. Nach ein paar Tänzen hatte ich keine Lust mehr, ich verließ die Runde. Ich beobachtete wie sich die beiden prächtig amüsierten, sie legten flotte Tänze aufs Parkett. Schon am nächsten Tag sollte es losgehen mit diesem Ratgeber „mit Engeln leben". Ich war sehr gespannt und neugierig was alles geschrieben werden wollte.

Wir begannen also mit diesem Text. Besser gesagt, wir wollten beginnen. Ich schlich erst einmal wie eine Katze um den heißen Brei. Eine halbe Stunde lang ließ ich mich ablenken, bis ich endlich Ruhe fand und Kontakt aufnahm. Alfons war sehr schick gekleidet, mit brauner Nadelstreifen Hose, weißem Hemd und brauner Krawatte. Er habe sich für die Engel hübsch gemacht. Deren Anwesenheit meinte er damit. Ich fühlte schon, dass wir nicht alleine waren. Ich drehte mich um und erkannte, mit geschlossenen Augen, einen großen weißen Engel. Er sei NATHAEL, mein neuer Begleiter für dieses Büchlein. Da waren wir also nun, inzwischen zu dritt. Damit wir überhaupt loslegen konnten half mir Nathael meine angestaute Trauer aufzulösen. Er meinte sie würde meinen Kanal blockieren, dadurch könnte ich nicht klar wahrnehmen. Er stellte sich direkt an meine Wirbelsäule und mir begannen die Tränen über die Wangen zu laufen. Es hatte sich so Einiges angestaut ... Sorgen, Zweifel, sie durften nun alle gehen. Während des Schreibens stand er direkt hinter mir. Es fühlte sich an, als würde er meinen Kopf in seinen Händen halten. Nathael meinte ich solle mit ihm kommen. Ich verstand erst nicht richtig, wollte schon fast vom Stuhl aufspringen. Er meinte: „Komm mit in Gedanken, folge mir! Lass die Bilder zu.". Ich traute mich nicht sofort und wollte ihn lieber an die Hand nehmen. Ich ließ die Bilder kommen und plötzlich standen wir in einer großen Kirche. Es war der Friedensdom der Friedensengel. Wo er ist? Direkt vor Deiner Nasenspitze, er ist immer überall. Eine riesengroße, hohe Kathedrale mit Seitenschiffen. In den Kirchenbänken saßen Engel in weißen Gewändern und begrüßten uns. Auch von den Balkonen aus grüßten sie herab. Wir gingen den Gang entlang, ich hielt Nathael noch immer an der Hand. So fühlte ich mich sicherer. Sobald wir an einem Engel vorbei kamen, verneigte sich dieser. Nathael erklärte mir, von hier aus wird die Energieschwingung des Friedens verbreitet. Von hier brechen Friedensengel zu ihrer Mission auf. Im vorderen Bereich des Friedensdomes angekommen, wir standen vor dem Altar, überkam mich ein unbeschreibliches Gefühl der Dankbarkeit. Tränen liefen über mein Gesicht. Nathael erklärte wie wir vorgehen würden, um dieses Büchlein zu schreiben. Nicht, indem ich zur Kontaktaufnahme an reale Orte ginge, wie ich es bei Naturwesen tat, sondern mental würde ich die Engel besuchen. Gemeinsam würden wir den Inneren und Äußeren Himmel erkunden. Der Himmel sei nicht irgendwo weit oben, sondern direkt um und in uns. Nathael beruhigte mich. Es sei egal wie klar meine Wahrnehmung bisher wäre, sie reiche aus für die Basics. Es sei wichtig, dass die Menschen den Weg zu den Orten der Engel finden und sie kennen lernen. Dann könnte jeder Reisende dort seine eigenen Erfahrungen machen. Wir gingen weiter im Friedensdom, drehten eine Runde. Wieder grüßten und verneigten sich die Engel, als wir an ihnen vorbei kamen. Ich war noch immer ganz berührt, mir liefen die Tränen. Sie liefen mir tatsächlich über die Wangen meines physischen Körpers. Wir setzten uns in eine der letzten Reihen und beobachteten, was nun im Friedensdom geschah. Die Friedensengel erhoben sich zum Gesang. Ich hörte mit meinen physischen Ohren ein seltsames Pfeifen hoher Töne. Dieses Geräusch kannte ich bereits, ich hörte es immer, wenn die Energie im Raum sehr hoch war. Ein paar Engel standen auf und gingen der Reihe nach bis zum Altar. Dort knieten sie nieder und verbeugten sich. Ein gelb-goldener Lichtstrahl fiel von der Kirchenkuppel herab. Die Engel flogen der Reihe nach hinein und verschwanden. So sah es also aus, wenn Friedensengel aufbrachen zu ihrem Einsatzort. Wir beobachteten ihren Abflug eine Weile, gingen dann in Richtung Ausgang und verließen den Friedensdom durch sein Eingangstor. Ich kehrte zurück an meinen Schreibtisch, konzentrierte mich auf meinen Körper, reckte und streckte mich und öffnete die Augen. Wieder gut angekommen brauchte ich erstmal eine kleine Pause! Ich ging in die Küche, spülte Geschirr und sang freudig den Namen meines neuen Begleiters Nathael. Ich war voller Liebe, mit offenem Herzen. Später erfuhr ich, dass Nathael nur zum Schreiben zu mir kam. Er hatte noch andere wichtige Aufgaben zu erledigen.

Engel in Dein Leben einladen

Sie lieben Dich

Engel lieben Dich. Sie schenken Dir all ihre be-
dingungslose Liebe. Sie lieben Dich so wie Du bist.
Sie sind unendlich geduldig, sie tragen Dich auf
Händen. Sie sind Deine himmlischen Begleiter.
Engel beschützen Dich, sind immer an Deiner Seite.
Einige begleiten Dich Dein Leben lang, andere nur
in bestimmten Lebensphasen. Du kannst sie rufen,
sie bitten Dir beizustehen. Manche Engel brauchen
Deinen Befehl, deine Bitte, bevor sie aktiv sein
dürfen. Deine Engel befinden sich sowohl außerhalb
deines Körper, als auch innerhalb Deines Körpers.

Sie tragen Dich

Engel tagen Dich durch Dein Leben, wenn Du Dich tragen lässt! Lerne auf Deine innere Stimme zu hören, so findest du heraus was Deine Lebensaufgaben sind. Finde die Gaben, die Du verschenken kannst und gib sie bedingungslos. Werde still und horche in Dich hinein, nur so kannst Du die Engel hören. Spüre den Fluss des Lebens. Erlebe, wie sich Dein Leben mit Leichtigkeit fügt, wenn Du los lässt, Dich fallen und tragen lässt. Vertraue hundertprozentig in allen Bereichen des Lebens, dass sich Deine Angelegenheiten zum Besten entfalten werden.

Sie führen Dich

Lerne Dich von den Engeln führen zu lassen. Lerne Deinen eigenen Willen, dem Willen Gottes unterzuordnen. Herr Dein Wille geschehe! Dann schenkt Dir Gott das Paradies auf Erden. Geh in die Stille und finde heraus, was sein Wille ist. Gib Dich Deinen Engeln und Deiner geistigen Führung hin. Öffne Dich und werde feinfühlig für die Impulse und Zeichen, die sie Dir senden. Achte auf Deine Körperreaktionen. Ein leichtes Ziehen nach Rechts kann bedeuten, dass Dich Dein Engel rechts entlang führen möchte. Hast Du das Gefühl Dein Kopf will sich nach Links drehen? So kann es sein, dass Dir Dein Engel etwas zu Deiner Linken zeigen möchte. Lass Dich führen, nimm die Geschenke an, die Dir Deine himmlischen Freunde schenken möchten.

Achte auf ihre Zeichen

Bist Du noch nicht geübt direkten Kontakt mit Deinen Engeln aufzunehmen, dann versuchen sie dir auf anderem Wege Botschaften zu senden. Bist Du vielleicht draußen unterwegs, so lenken sie Deine Aufmerksamkeit auf eine Situation, die dir Erkenntnis schenkt für Deine eigene Lebenssituation. Vielleicht siehst Du in Deinem Alltag Bilder, Zahlen, Zeichen und erkennst ihre Botschaft. Suche diese Zeichen nicht, Du wirst sie eher zu-fällig finden. Sie fallen Dir zu!

Engel hören lernen

Lerne Deine innere Stimme zu hören. Werde still, nimm Dir Zeit. Geh an einen Ort, an dem Du Deine Ruhe hast, wo Dich Nichts ablenkt. Horch in Dich hinein. Spüre Deinen Körper, spüre wie er sich beim Einatmen mit frischer Lebensenergie anfüllt. Verteile sie in Deinem ganzen Körper. Entspanne Dich beim Ausatmen, lass alle Muskeln locker, die Schultern fallen. Atme Deine Gedanken aus. Konzentriere Dich dann auf Dein Herzchakra. Dort kannst Du Deine innere Stimme hören und die Botschaften der Engel empfangen. Vielleicht bist Du der visuelle Typ und erhältst Bilder und Symbole, lerne sie zu entschlüsseln. Beginne, Deinen Engeln Fragen zu stellen. Du könntest sie fragen, ob sie für Dich eine Botschaft haben oder wie Du Dich in einer bestimmten Situation verhalten solltest.

Engel sehen lernen

Du kannst Engel mit geschlossenen oder mit offenen Augen sehen. Bei geschlossenen Augen siehst Du sie über Dein „Drittes Auge". Es befindet sich auf deiner Stirn, zwischen Deinen Augenbrauen. Lerne mit leerem Blick zu schauen. Begib Dich mit Deiner Aufmerksamkeit in Deinen inneren Körper, betrachte nun mit entspanntem Blick, ohne einen bestimmten Gegenstand scharf zu stellen, Dein Umfeld. Auf diese Weise kannst Du auch die Aura von Gegenständen und Menschen erkennen. Vielleicht erkennst Du Deinen Engel als Lichtpunkte, Lichtstrahl, funkelnde Sternchen. Jeder hat seine eigene, individuelle Wahrnehmung.

Engel spüren lernen

Du kannst Deinen Engel natürlich auch ertasten oder spüren, wenn er Dich berührt. Versuche ihn zu ertasten, indem Du Deine Handfläche langsam zu ihm hin bewegst. Spürst Du einen leichten energetischen Widerstand? Hier beginnt der Lichtkörper Deines Engels. Eine Berührung Deines Engels spürst Du vielleicht mit einem kühlen, erfrischenden Prickeln. Vielleicht spürst Du plötzlich eine angenehme Wärme an einem Teil Deines Körpers, auch das kann sein. Du könntest zum Beispiel Deinen Schutzengel bitten, Dir ein angenehm warmes Körpergefühl von Geborgenheit zu schicken.

Der Umgang mit Engeln

Engel sind bis zur Trinität in drei Triaden und unterschiedliche Hierarchien eingeteilt. Sie alle haben unterschiedliche Aufgaben. Den Menschen am nächsten stehen die Engel. Das bedeutet, ihre feinstoffliche, unsichtbare Schwingung ist der grobstofflichen, sichtbaren Schwingung der Menschen sehr nah. Engel scherzen und lachen gerne, sie bilden mit den Erzengeln und den Archai die dritte Triade. Wir können mit Engeln respektvoll reden, wie unter Menschen und sie bitten uns zu unterstützen. Erzengeln sollten wir voller Achtung, Hingabe und Demut begegnen. Wir sollten ihnen danken, anstatt zu bitten. Die zweite Triade bilden Exusiai, Elohim, Sonnenengel, Dynameis sowie Kyriotetes. Die erste Triade bilden Throne, Cherubim und Seraphim, als höchste Engel. Einige Hierarchien arbeiten als Gruppe, als Engelstrahl, nicht einzeln wie zum Beispiel Dein Schutzengel. Auch gibt es Engelshierarchien, die nicht nur einen einzigen Menschen unterstützen, sondern alle Menschen gemeinsam im Kollektiv. Selbst Schöpfungsprozesse werden von Engeln begleitet. Grundsätzlich ist es wirkungsvoller der geistigen Welt zu danken als sie zu bitten. Wenn Du um etwas bitten möchtest, dann formuliere Deine Bitte als Dank, als sei Dein Wunsch bereits erfüllt worden.

Dein Glaube stärkt die Engel

Du kannst Deine Engel vielleicht noch nicht wahrnehmen, dennoch sind sie immer bei Dir. Dein Glaube an Engel, an ihre Existenz, stärkt sie. Dadurch rücken sie Dir näher und Du wirst sie leichter spüren können. Mach Dir keine Sorgen, wenn es Dir nicht sofort gelingt. Das ist normal, es ist noch kein Meister vom Himmel gefallen. Schon alleine Dein Wunsch, Deine Sehnsucht die Engel wahrzunehmen, setzen Himmel und Erde in Bewegung, damit sich Deine Wahrnehmung sensibilisiert.

Was Engel fernhält

Alles künstliche, technische und negative hält Engel fern. Gib bei Deiner Kleidung acht, dass sie möglichst keine oder wenig Kunstfasern enthält. Kunstfasern, sowie Modeschmuck verändern Dein natürliches Energiefeld, sie verzerren dadurch Deine subtile Wahrnehmung. Umgebe Dich nicht mit tausend technischen Geräten, trage Dein Handy nicht am Körper. Bestimmte Wörter, wie zum Beispiel „müssen" solltest Du meiden. Wenn Du Sätze mit „ich muss" aussprichst, legt sich ein energetischer Mantel aus Druck und Ohnmacht um Dich. Besser ist: Du möchtest, Du willst oder Du solltest etwas erledigen … Auch solltest Du Wörter wie „wahnsinn" oder „irre" als Ausruf, wenn Du über etwas erstaunt bist, aus Deinem Wortschatz streichen. Diese Wörter haben einen negativen Ursprung. Sie bauen eine Schwingung auf, die Deine Engel blockiert. Du solltest Dich nicht selbst einengen mit Glaubenssätzen wie „Ich kann das ja sowieso nicht", oder Deine Wahrnehmung schmälern mit „das habe ich mir bestimmt nur eingebildet". Bist Du ängstlich oder offen für die Welt der Engel? Auch das hat Auswirkung auf deine Ent-wicklung. Wenn Du vor Deiner subtilen Wahr-nehmung Angst hast, dann trittst Du innerlich auf die Bremse. Gib Dir Zeit, Vertrauen zu fassen. Die Engel freuen sich auf Dich. Du solltest Dir den Kontakt zu Engeln aus tiefstem Herzen wünschen, nicht weil Du neugierig und auf der Suche nach einem „Kick" bist. Ist dies der Fall, so hältst Du die Engel auf Abstand. Sei achtsam und beherzige diese Tipps, damit Du Deine wundervollen, himmlischen Helfer erleben kannst.

Sie begleiten Dich Dein Leben lang

Wisse, dass es Engel gibt, die Dich begleiten, ohne dass Du sie gerufen hast. Sie helfen Dir von sich aus, Du musst sie um Nichts bitten. Diese Engel sind Teil von Dir. Sie leben im Innern Deines Körpers und umgeben Dich außerhalb Deines Körpers. Wenn Du „Ich" sagst, dann schließt Du sie mit ein, ohne diese Engel ist kein Mensch. Wenn Du an Deinen Fähigkeiten zur Kontaktaufnahme zweifelst, denke daran, dass Dich Deine Engel ständig umgeben und tragen. Sie vergessen oder vernachlässigen Dich nie, denn sie gehören zu Dir. Gibt es Probleme in Deinem Leben, hast Du schwierige Situationen zu meistern? Fühlst Du Dich damit alleine gelassen und bist von Gott enttäuscht? Diese Lebensphasen sind Herausforderungen, an denen Du wachsen darfst. Nimm Dir Zeit, betrachte sie genau und erkenne das Gute daran. Danke für jeden Neubeginn, schreite dann mutig und voller Vertrauen voran. Übe Deine Innere Stimme und Deine Engel zu hören. Wohin führen sie Dich?

Mit Engeln im Jetzt SEIN

Es gibt vielleicht Zeiten in Deinem Leben, da kannst Du nicht im Voraus planen. Dadurch lernst Du, in engem Kontakt zu Deinen Engeln, bewusst von einem Tag zum nächsten Tag zu leben. Sie lehren Dich das Vertrauen, im Moment zu sein. Die Kraft der Gegenwart hilft Dir Dein Leben zu meistern. Sorgen und Probleme schafft Dein Verstand, wenn Du Dir Gedanken über die Zukunft machst. Handeln kannst Du nur im Jetzt. Wenn Du im Hier und Jetzt lebst, erkennst Du die pulsierende Lebendigkeit in jeder Pflanze und in jedem Stein. Du erkennst die Anwesenheit Gottes in der Natur, den Tieren und den Menschen. Lebst Du achtsam und präsent, so kannst Du die Stimme Deiner Engel auch im Alltag hören. Lass Dich nicht durch den Lärm der Gedanken und Sorgen ablenken. Es sind so viele Geschenke, die das Hier und Jetzt bereit hält!

Deine persönlichen Begleiter

Außer Deinem Schutzengel, begleiten Dich noch weitere Engel in Deinem Leben. Du hast sie nicht gerufen und Du kannst sie nie verlieren, sie sind Teil von Dir. Einige von ihnen findest Du in den energetischen Räumen Deines Inneren Körpers. Jedes Chakra ist solch ein energetischer Innenraum. Du solltest regelmäßig mit Deinen Engeln arbeiten, Dich mit ihnen treffen, genauso wie Du Dich mit Deinen Freunden triffst. Richte Dir in Deiner Wohnung einen Platz ein, an dem Du dies in Ruhe tun kannst. Die Stelle sollte nicht in der Mitte des Raumes sein. Sie sollte so gelegen sein, dass sie niemand durchschreitet, damit sich dort spirituelle Energie sammeln kann. Bevor Du beginnst mit den Engeln Kontakt aufzunehmen, sprich bitte folgendes: „Liebe geistige Welt und liebe Engel, bitte legt ein Licht um mich, das mich liebt und schützt und mir hilft mich zu konzentrieren." Bedanke Dich, sammle und zentriere Dich erst ein paar Minuten, bevor Du anfängst. Die Engel freuen sich sehr, wenn Du zum Zeichen Deiner Dankbarkeit, eine oder mehrere Kerzen aufstellst. Das Licht, die Flamme steht für göttliches Bewusstsein, für Erleuchtung. Gemeinsam mit Deinen Engeln wirfst Du Licht auf Deine Schatten und Heilung findet statt. Mit der Zeit wirst Du immer mehr zu Deinem göttlichen Kern finden.

Chakren sind die Energiezentren Deines Körpers. Sie reihen sich entlang der Wirbelsäule, angefangen am Steißbein bis zur Schädeldecke auf. Jedes Chakra hat eine bestimmte Farbe und ihm werden unterschiedliche Eigenschaften zugeordnet:

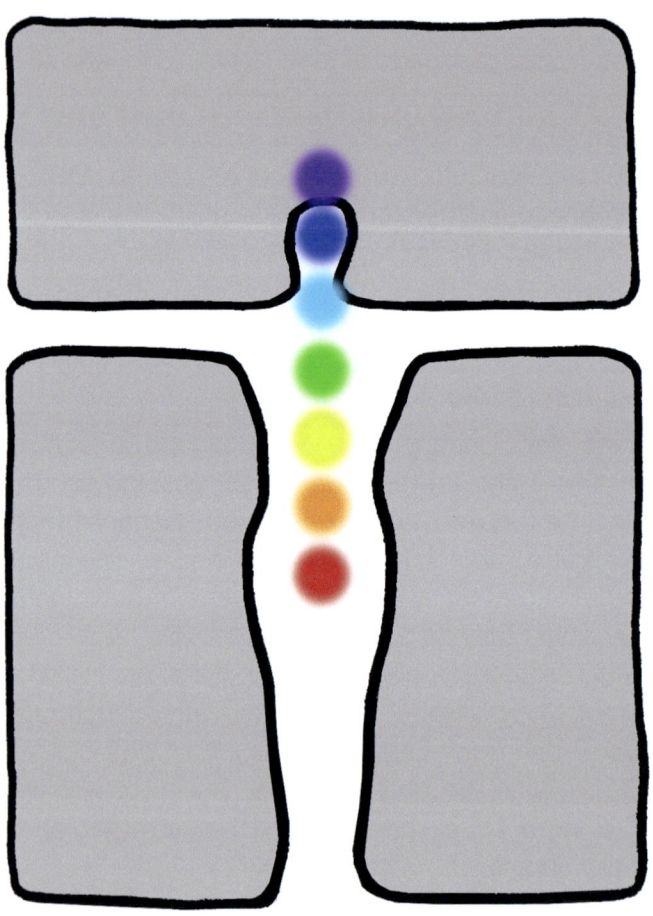

Das 1. Chakra, auch Wurzelchakra genannt, ist rot. Es steht für Kreativität, eine gute Umsetzung und Erdung.

Das 2. Chakra, das Nabelchakra ist orange. Urvertrauen und Mut drücken sich in ihm aus.

Das 3. Chakra, Solarplexuschakra, ist gelb. Es zeigt Dir an, wie gut Du mit Dir selbst in Frieden bist und in Freude lebst.

Im 4. Chakra, dem Herzchakra, es ist lindgrün, sind Deine Eigenliebe und die Liebe zu Deinen Mitmenschen zu finden.

Das 5. Chakra, das Halschakra, ist hellblau. Es steht für Kommunikation, Annehmen und Loslassen.

Eigenschaften eines harmonischen 6. Chakras, des Stirnchakras, sind Inspiration, Weisheit und Glaube. Es hat die Farbe blau.

Das 7. Chakra, das Kronenchakra, ist violett. In ihm drücken sich Glückseligkeit, Ganzheit und Verwirklichung aus.

Schutzengel

Dein Schutzengel steht meistens rechts hinter Dir. Er hat in etwa Deine Größe. Bis zu einem Alter von Anfang bis Mitte 20, sieht er auch genauso aus wie du, danach altert er nicht mehr. Das heißt, Du siehst immer älter aus, Dein Schutzengel aber bleibt ewig jung. Habt ihr ein enges Verhältnis, so steht er ganz nah bei Dir und Du strahlst noch im hohem Alter seine jugendliche Frische aus. Er dient nur Dir, bis an Dein Lebensende. Er trägt sogar Deinen Namen als Zeichen seiner Liebe zu Dir. Du bist sein Ein und Alles. Was glaubst Du, wie er sich wohl freut, wenn Du ihn anerkennst und ihm öfters mal dankst?

Die Aufgaben des Schutzengels

Er schützt Dich gegen negative Strahlungen und böse Gedanken. Ein böser Gedanke ist wie ein Giftpfeil, der auf Dein Energiefeld trifft. Dein Schutzengel versucht sich dazwischen zu stellen oder er legt sich als Schutzmantel um Dich. Hast Du selbst Negatives getan, dann schützt er Dich vor den strengen Blicken der oberen Hierarchien und der Trinität. Er steht für Dich gerade, selbst wenn Du auf die schiefe Bahn gerätst. Dann leidet er, aber er würde Dich nie verlassen. Dein Schutzengel muntert dich auf, wenn Du niedergeschlagen bist. Er schenkt Dir Hoffnung. Er lockert Deine körperlichen Verspannungen auf. Du kannst ihn bitten, seine Hände auf verspannte, schmerzende Stellen zu legen. Morgens und Abends reinigt er mit seinen Händen und Flügeln Deine Aura. Dein Schutzengel warnt Dich vor gefährlichen Situationen. Dann steht er zum Beispiel plötzlich vor Dir und schreit: „sofort bremsen!" Nachts sitzt er neben Deinem Bett und hütet Dich mit liebendem Blick. Er beschützt Dich vor Angriffen dunkler Mächte, die deinem Körper oder Deinem Energiefeld schaden wollen. Dein Schutzengel trägt Deine Schatten. All das was Du an Dir nicht liebst. Was Du noch nicht in Liebe angenommen und integriert hast.

Lerne Deinen Schutzengel kennen

Bitte Deinen Schutzengel sich neben oder vor Dich zu stellen, mit seinen Flügeln zu schlagen oder Dich an einer bestimmten Stelle zu berühren. Spürst Du die Veränderung in Deinem Energiefeld, fühlst Du seine Berührung als leichtes Prickeln? Stell Dir vor, wie er aussieht. Schau Dich im Spiegel an und versuche rechts hinter Dir, Dein junges Doppel zu erkennen. Begrüße ihn mit Deinem Namen. Konzentriere Dich auf Dein Herzchakra und versuche Deinen Schutzengel zu hören. Auf welcher Seite steht er, in welches Ohr spricht er? Was sagt er? Stelle Deinem Schutzengel, nach etwas Übung, konkrete Fragen wie zum Beispiel: „Soll ich rechts oder links entlang laufen?" oder „Soll ich jetzt oder später anrufen?". Selbst bei Deiner Kleidung und Frisur kann er Dich beraten, was heute am besten zu Deiner Stimmung passt. Jedoch kennt er sich mit dem Wetter und der Gefahr Dich zu erkälten, aufgrund zu leichter Kleidung, nicht so gut aus.

Sonnenengel

Dein Sonnenengel ist Dein „höheres Ich". Er ist der Begleiter Deines „irdischen Ich", während aller Inkarnationen. Er ist ein Teil von Dir, im Grunde bist Du es selbst. Er bzw. Du selbst, blickst von oben auf Deine Seele herab und stehst in ständigem Kontakt mit ihr. Du wartest bis Deine irdische Lebenszeit beendet ist und wirst beim Sterben wieder eins. Du bzw. Dein Sonnenengel besitzt vollständigen Überblick über die Zusammenhänge Deines Lebens und speichert alles Erlebte. Über einen goldenen Strahl, der an Deinem Kronenchakra beginnt, bist Du mit ihm verbunden. Du kannst ihn kontaktieren, aber in der Regel greift er von sich aus nicht in Dein Leben ein. Er erteilt Deinem Schutzengel und Führungsengel Befehle. Er steht wie eine Sonne über Dir. Lass Dich von ihr wärmen, wenn Du das Gefühl hast im Dunkeln zu stehen. Im bewussten Kontakt mit Deinem Sonnenengel, erinnerst Du Dich an Deine vergangenen Inkarnationen und an das Wissen über den Himmel und das Sein, das Du bereits gesammelt hast. Du wächst spirituell, wenn Du mit Deinem Sonnenengel in Kontakt stehst und mit ihm in vollem Einklang lebst. Das „irdische Ich", das Ego, will oftmals etwas erreichen, das nicht im Sinne des „höheren Ich" ist. Dann kämpft Dein Kopf gegen Dein Herz. Über Dein Herzchakra, in das Du tief hinein horchst, findest Du Zugang zu dem, was Dir wirklich gut tut und zu Deinem Besten ist.

Übe den Kontakt mit Deinem Sonnenengel

Wenn Du Dich Deinem Sonnenengel nah fühlen möchtest, dann fühle Dich von ihm umarmt und geküsst. Verbinde Dich, über den goldenen Strahl der von Deinem Kronenchakra aus, zu ihm nach oben führt. Frage Deinen Sonnenengel, wie es ihm geht, ob er sich von Dir etwas wünscht oder ob er eine Botschaft für Dich hat. Übe Dich, diesen goldenen Strahl ständig wahrzunehmen, auch in Deinem Alltag, bei allem was Du tust. Um eine kräftige Verbindung zu Deinem Sonnenengel aufzubauen, solltest Du folgendes beherzigen: regelmäßiges spirituelles Arbeiten, Ausdauer, die Einbindung des Sonnenengels in Deinen Alltag. Du solltest die richtige Mischung aus Mitteilungsfreude und Verschwiegenheit besitzen, ehrlich und aufrichtig sein, Respekt und Achtung vor Gott, den Engeln, der Natur und allem Leben haben. Du solltest tiefe Dankbarkeit empfinden, Dich mit Haut und Haaren dem höchsten Willen hingeben, ihm dienen wollen und Dein täglicher Leitsatz sollte „Herr Dein Wille geschehe!" sein.

Führungsengel

Dein Führungsengel steht vor Dir. Triffst Du eine Person, so steht diese genau in Deinem Führungsengel und Du in ihrem. Führungsengel führen individuell unterschiedlich. Vielleicht hält Dich Dein Führungsengel an der langen Leine oder er ist streng wie ein Befehlsherr. Sie führen Dich bei Tag und bei Nacht. Sie fügen Begegnungen und äußere Bedingungen, die wichtige Lebensentscheidungen herbeiführen. Nachts unterstützen sie Dich zu lernen, Deine Erfahrungen zu überprüfen, die richtigen Lehrer zu finden. Kannst Du einen Menschen nicht persönlich sprechen, so lasse seinem Führungsengel eine Nachricht zukommen. Schicke ihm Deinen Führungsengel, er überbringt gerne all Deine Informationen. Führungsengel können Deine Vergangenheit, Gegenstände und Räume reinigen. Indem sie Dein Schwingungsfeld stabilisieren, reinigen sie auch Dein Beziehungsfeld. Ist dieses Feld rein und klar, so gehst Du nur Beziehungen ein, die zu Dir passen. Ist die Verbindung zu Deinem Führungsengel nicht optimal und er hat Schwierigkeiten Dich zu reinigen, so gerätst Du leicht in verletzende, unstimmige und kränkende Beziehungen.

Lerne Deinen Führungsengel kennen
Konzentriere Dich zur Kontaktaufnahme auf Dein Herzchakra, begrüße Deinen Führungsengel, danke ihm für seine zuverlässige Führung und frage ihn nach seinem Namen. Lausche über Dein Herzchakra seiner Antwort. Finde heraus was Dein Führungsengel bisher für Dich arrangiert hat. Auf welche Art und Weise hat er das getan? Mach Dich mit seiner Arbeitsweise vertraut. Beginne den Tag, indem Du an Deinen Führungsengel denkst, ihn begrüßt. Beende den Tag, indem Du ihm für seine Unterstützung dankst.

Innere Kirche

Dein Herzchakra, das Energiezentrum mittig Deines Brustkorbes, kannst Du Dir als Innere Kirche vorstellen. Am Altar sitzt oder kniet ein Engel, er betet für Dich. Du gelangst zu ihm, indem Du Deine Augen schließt und Dich auf Dein Herzchakra konzentrierst. Mit nach innen geöffneten Augen versuche nun, Deine Innere Kirche und den betenden Engel zu erkennen. Wie sieht Deine Kirche aus, ist sie gotisch, barock? Ist sie groß oder klein? Welche Farben dominieren? Welche Figuren und Bilder erkennst Du? Wie sehen die Fenster aus? Begrüße Deinen Engel, das freut ihn und segnet Dich. Höre ihm zu und bete mit ihm. Du kannst ihn bitten für Dich oder andere Menschen zu beten. Bist Du ganz wahrhaftig, spricht er durch Dich. Dann trägst Du ins Außen, was er im Innern tut. Auch beim Singen oder bei wissenschaftlichen Darlegungen kann sein Wirken nach Außen dringen. Sein Denken ist ein reines Denken. Es zeigt sich, wenn es nicht von Deinem Ego überschrien wird. Besuche Deine Innere Kirche, den betenden Engel möglichst oft, um Dich dort heimisch zu fühlen. Schau Dich bei jedem Besuch erneut in Deiner Kirche um, ob Du neue Details entdeckst?

Innere Insel

Das Innere Meer befindet sich in deinem Wurzel-chakra. Ein harmonisches Wurzelchkara versorgt Dich optimal mit der Lebenskraft Chi, dadurch fühlst Du Dich lebendig und bist aktiv. Schließe Deine Augen, konzentriere Dich auf Dein Wurzel-chakra. Stell Dich an Deinen Inneren Strand, schau auf Dein Inneres Meer hinaus und Du erblickst Deine Innere Insel. Dorthin gelangst Du mit dem Boot oder Du schwimmst. Wie sieht Dein inneres Meer aus? Ist es hell, dunkel, voller Müll oder blutrot? Durchflute es solange mit goldenem Licht bis es hell und einladend wirkt. Es kann sein, dass Du einen Delphin siehst, du kannst mit ihm baden, darüber freut er sich sehr. Euer Spiel wird Dir Lebensfreude und Vitalität schenken. Deine Innere Insel ist ein Ort, an den Du Dich zurückziehen kannst, um Kraft zu schöpfen. Du suchst sie auf, wenn Du erschöpft bist, nervös, ängstlich oder wenn Du Schmerzen hast. Deine Insel ist einige Quadratkilometer groß, sie beherbergt einige Tiere. Du kannst mit ihnen sprechen, sie verkörpern Deine Triebe. Schau, welche Tiere kannst Du entdecken? Der Affe steht zum Beispiel für den Antrieb zu spielen, albern zu sein, sich lustig zu machen. Die Schlange verkörpert, Wissen, Neugier und Forschung. Raubkatzen verkörpern die schöne Wildheit, das Jagen nach Menschen, Ruhm, Macht, nach fetter Beute und das mit Eleganz. Wie sehen

Deine Inneren Tiere aus, wie verhalten sie sich? Sie sollten sich vertragen, alle sollten wohl genährt und gesund sein. Weder sollte ein Tier die anderen unterdrücken oder überdimensional groß sein, noch sollte eines winzig klein oder halb verhungert sein. Unterhalte Dich mit Deinen Inneren Tieren. Ein Affe könnte sie zusammenrufen, indem er zwei Kokosnüsse aneinander schlägt. Danke ihnen zuallererst, dann kannst Du sie ermahnen, aufmuntern, untereinander schlichten, sie um ein harmonisches Zusammenleben bitten. In der Mitte Deiner Inneren Insel befindet sich ein Vulkan, er gibt Dir Auskunft über den Zustand Deiner Vitalkraft. Schau in den Krater hinein. Ist er erkaltet, rumort es, ist er aktiv? Optimal ist, wenn er weder zu stark noch zu schwach arbeitet, er bildet dann eine Feuersäule, ein Springbrunnen aus Feuer. Geh weiter zur Wüste, dort findest Du einen Engel am Brunnen, er erwartet Dich. Es ist der Engel des Lebens. Begrüße ihn, bedanke Dich auch bei ihm für seine Anwesenheit. Wenn Du möchtest, umarmt er Dich gerne mit seinen großen Flügeln. In seiner Umarmung findet Deine Seele Ruhe und Regeneration. In seinem großen Schatten kannst Du Dich ausruhen. Dies ist Dein innerster Ort, an den Du Dich zurückziehen kannst. Besuche Deinen Engel am Brunnen, wann immer Du erschöpft bist. Er spendet Dir Leben, bei ihm schöpfst Du neue Kraft. In den Brunnen kannst Du Sorgen, Krankheiten und Bedrohliches hinein werfen. Zieh das Wasser mit einem Eimer aus der Tiefe herauf. Möchtest Du von seinem Leben spendenden Wasser trinken? Oder Dich damit reinigen? Sieh wie Staub und Dreck von Dir abfließen und Du hell erstrahlst!

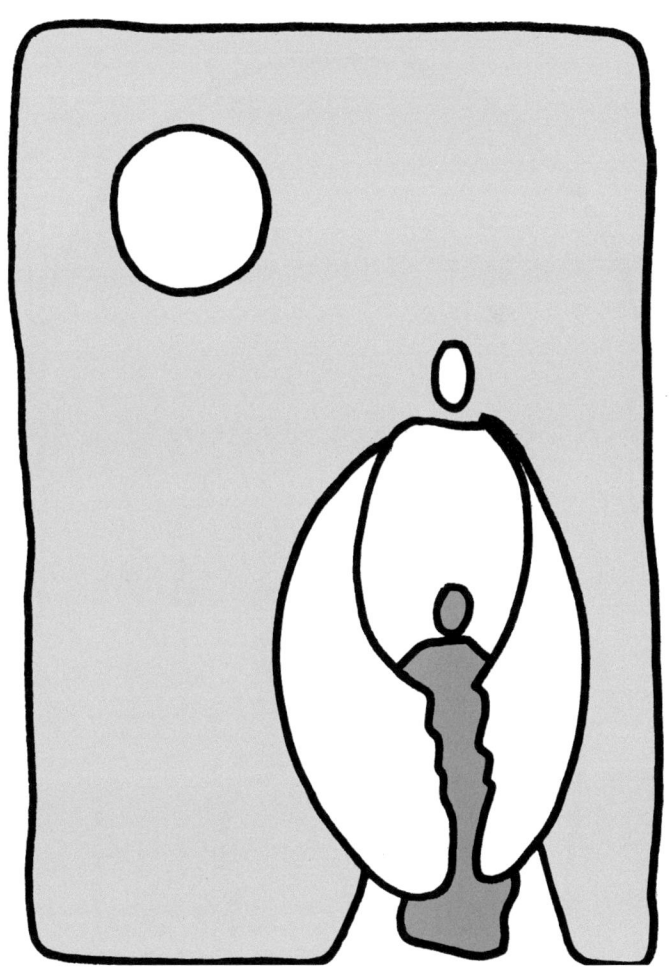

Inneres Kind

Dein Inneres Kind findest Du im Nabelchakra. Etwa drei Finger breit unterhalb Deines Nabels. Schließe Deine Augen, begib Dich in Deine Innere Kirche. Siehst Du den kleinen Treppenabgang neben dem Altar? Er führt zur Krypta. Steige hinab in das niedrige Gewölbe. Es ist etwas dunkel, Du wirst Dich daran gewöhnen. Hier befindet sich ein Altar mit Gebetsbank. Daneben steht ein mütterlich wirkender Engel, er hält ein Baby in den Armen. Es ist in der Regel zwischen einem halben Jahr und zwei Jahren alt. Das Kind wirkt vielleicht klein und hilflos, täusche Dich nicht, es ist sehr mächtig! Es ist das Göttliche Kind, es repräsentiert den heiligen Vater in Dir, es ist Deine direkte Verbindung zu Gott. Setze Dich und bete zuerst das Vater Unser:

Herr mein Vater, der Du bist im Himmel,
geheiligt werde Dein Name.
Geboren aus der Liebe und wieder
eingegangen in die Liebe,
herrscht Du über alle Zeiten.
Anfang und Ende bist Du, unsere Geburt.

Herr im Himmel, vergib uns unsere Schuld,
vergib jenen, die uns Schuld zugefügt haben
und führe uns in die Erlösung,
nicht, indem wir Vergeltung suchen,
sondern, indem wir durch Vergebung befreien.

Lass uns erkennen,
dass wir Kinder Deines Reiches sind.
Vergib uns jeden Moment, da wir Dich
vergessen haben.
Denn Dein ist das Reich, die Liebe,
die Kraft und die Herrlichkeit.

Du trägst den Namen der Ewigkeit,
den Du eingeprägt hast in unsere Herzen.
Erhebe uns, so dass wir Dein Antlitz sehen dürfen.
Aus der Endlichkeit in die Unendlichkeit
führe uns in das Licht.
Lass die Liebe das Gesetz unseres Lebens sein,
damit Frieden und Freude herrschen.

Vater im Himmel, lass uns Kinder der Erde
Boten Deines Lichtes sein und Deines Namens.
Denn Dein ist die Geburt unserer Seele,
so dass wir das ewige Licht schauen dürfen,
Deinen Frieden und Deine Herrlichkeit,
in Ewigkeit. Amen.

(aus der Bergpredigt)

Begegne dem Inneren Kind in Demut, Dankbarkeit und Andacht. Das Kind sitzt oder liegt in den Armen des Engels. Über seine Gestik und Mimik, gibt es Dir klare Anweisungen. Halte seinem durchdringenden Blick stand, bis es Dir Zeichen gibt, dass Du gehen darfst. Dabei findet Transformation statt! Eine Berührung seiner Händchen kann Wunder bewirken. Suche Dein Inneres Kind auf, wenn Du in Angst, Verzweiflung oder Trauer geraten bist. Hast Du Probleme mit Deinen Chakren oder feinstofflichen Körpern, dann kann es Dir ebenso helfen. Befolge seine Anweisungen, auch wenn sie Dir komisch vorkommen. Sie schenken Dir Freude und Lebendigkeit. Auf der körperlichen Ebene steht das Innere Kind für die Fähigkeit des Körpers, sich zu regenerieren, gesund zu werden. Auf der psychischen Ebene ist es die Quelle Deines

Urvertrauens, der spielerischen Lebensfreude, die Dich jung hält. Hast Du guten Kontakt zu Deinem Inneren Kind, so wirkst Du bis ins hohe Alter jung, frisch und vital.

"Wollt ihr mit eurem Inneren Kind zusammenarbeiten, so stellt zuerst einmal euch selbst Fragen: „Wie war ich als Kind? Was habe ich aus meinem Bewusstsein gedrängt? Wie geht ein Kind mit der Welt um? Wo ist das ewig Junge zu finden, das immer wieder einen Neuanfang ermöglicht? Wo finde ich neue Entwicklungschancen? Wie kann ich Hoffnung und Vertrauen in die Zukunft erwecken und ausbilden?" So eröffnet ihr Euch den Zugang zu Euch selbst und vor allem zum Göttlichen Kind in Euch" *(Kriele, Alexa: Wie im Himmel so auf Erden, Band 1, Hugendubel, München 2005, S.184, S.185.)*.

Innere Quelle

Du reist zu Deiner Inneren Quelle, indem Du Dich auf
Dein Solarplexuschakra konzentrierst. Schau nach
Innen. Sie liegt an einer lieblichen Waldlichtung, es
kann auch ein Teich sein. Wie sieht die Landschaft
aus, welche Pflanzen erkennst Du? Hörst Du Tiere
oder den Gesang der Engel? An der Quelle sitzt
ein großer, sanfter Engel, er erwartet Dich. Er hat
großes Wissen über Reinigungsübungen für alle
Ebenen. Setze Dich zu ihm. Du kannst ihn um Rat
und um Übungen bitten. Dein Engel freut sich sehr,
mit Dir zu reden. Das Gespräch wird Dich beleben,
Dir Freude schenken. In Deiner Inneren Quelle
kannst Du baden, das Wasser trinken oder einfach
nur am Rand sitzen und darauf blicken. Es ist der
Quell des Lebens, den Du hier besuchst.

Marienengel

Der Marienengel wohnt in Deinem Halschakra, im linken Turm Deiner Inneren Kirche. Sieh, in der Inneren Kirche, links vom Altar (wenn Du mit dem Rücken zum Eingangstor stehst), befindet sich eine kleine Türe. Öffne sie, Du siehst eine Wendeltreppe, steige sie empor. Du gelangst in eine Turmkapelle, schau Dich um. Du findest einen Altar darüber ein Marienbildnis, davor ein Betstuhl. Seitlich steht oder sitzt Dein innerer Marienengel. Er ist zart und sanft, wirkt klein obwohl er vielleicht etwas größer ist als du. Bekleidet ist er mit einem blauen, von Sternen übersäten Mantel. Seine Stimme ist fein und leise. Vielleicht fällt es Dir am Anfang schwer ihn zu hören, aber es ist wichtig Deine Wahrnehmung zu trainieren. Trotz seiner Zartheit ist er ein mächtiger Engel, er ist Stellvertreter der heiligen Mutter in Dir. Du kannst mit ihm über Deine persönlichsten Probleme sprechen. Für andere Menschen kannst Du bei ihm um Hilfe der heiligen Mutter Maria bitten. Du spürst ihn als leichten Druck an Deinem Hals, als Räuspern der Stimme, wenn Du Unwahres sprichst. Deine Stimme verändert sich minimal. Dann warnt Dich der Marienengel und ruft: "Hör auf damit!" Er sitzt am Boden, leidet und weint. Achte auf die Stimme Deiner Gesprächspartner, ob sie sich verändert. Der Marienengel wirkt wie ein Lügendetektor. Sprichst Du wahre und heilige Worte, die von Herzen kommen, dann ist es er, der durch Dich spricht. Er sorgt dafür, dass Deine Worte Wirkungskraft bekommen.

Sophienengel

Den Sophienengel findest Du im rechten Turm Deiner Inneren Kirche. Auch er befindet sich, wie Dein innerer Marienengel, in Deinem Halschakra. Beide vertreten einen unterschiedlichen Aspekt der heiligen Mutter Maria. Schließe die Augen. Sieh, in Deiner Inneren Kirche, rechts vom Altar, ist eine weitere Türe. Öffne sie, betrete den Turm und geh die Wendeltreppe hinauf. Du gelangst in einen schlichten Raum mit einer Betbank. Hier lebt Dein Sophienengel, er ist bordeauxrot gekleidet. Übe bei ihm das Schweigen. Schweigen bedeutet viel mehr als nicht zu sprechen. Es gibt das Schweigen des Körpers, der Gefühle, Gedanken, das Schweigen aller Vorstellungen von Gott, der Welt, Deinem Weg und Deinem Ich. Mit dem Sophienengel kannst Du das Schweigen der Worte üben. Übe das innere Lauschen. Versuche den ganzen Tag oder für mehrere Stunden, still zu sein. Du wirst feststellen, es ist nicht einfach. Diese Übung lehrt Dich Wörter und Sätze, die unbewusst aus Dir heraus sprudeln zu erkennen. Du lernst, aufmerksam und von Herzen zu sprechen.

Innerer Weise

Der Innenraum mit dem Inneren Weisen entspricht dem Stirnchakra. Es ist der Raum des inneren Friedens, er steht für Weisheit und Macht. Hast Du Erkenntnis gewonnen und zugleich die Macht sie in Deinem Leben umzusetzen, so stellt sich innerer Friede ein. Der Innere Weise schenkt Dir Erkenntnis und Transformation bei persönlichen Problemen. Schließe Deine Augen, richte den Blick nach Innen. Konzentriere Dich auf Dein Stirnchakra und bitte den Inneren Weisen aufrichtig, eintreten zu dürfen. Du gelangst in einen schlichten, klaren Raum. An einem Tisch sitzt der Innere Weise, in Gestalt eines alten Mannes. Violett-blaues Licht umhüllt ihn. Auf dem Tisch befinden sich eine Kristallkugel, ein Spiegel und eine Schale gefüllt mit klarem Wasser. Setze Dich zu ihm und bitte ihn in die Kristallkugel, sowie in den Spiegel blicken zu dürfen. Denke an Deine persönliche Lebenssituationen, die Dir Sorgen bereitet. Schaust Du nun in die Kristallkugel, dann erkennst Du die äußeren Umstände der Situation. Blickst Du in den Spiegel, so verstehst Du den Part, der Dich selbst betrifft. Um Heilung zu erlangen, schaue zuletzt auf das klare, spiegelnde Wasser in der Schale. Denke dabei an Dein Problem und Du erhältst Lösungen, Hilfe und Heilung. Wenn Du möchtest, trinke vom Wasser oder trage es zur Genesung auf Deine Haut auf.

Innerer Heiliger

In Dein Stirnchakra kann zusätzlich zum Inneren Weisen, ein Innerer Heiliger einziehen, wenn Du ihn darum bittest. Es ist ein Heiliger, den Du selbst erwählst. Du solltest Dich einige Wochen mit ihm beschäftigen, seine Biographie oder Erfahrungsberichte lesen. Um Dir ein paar zu nennen: es könnte zum Beispiel Sathya Sai Baba, Jesus, Agni, Mutter Theresa, Buddha, Babaji, Krishna, Dein Namenspatron oder ein anderer Heiliger sein. Du wirst ihn intuitiv finden. Wenn Du Dich spirituell weiter entwickeln willst, ist es sehr wichtig, dass Dich dabei Dein Innerer Heiliger begleitet. Er gibt Dir Beistand und Schutz. Auf Deinem Weg ins Licht wirst Du Prüfungen durchlaufen. Dein Innerer Heiliger nimmt Dich dann liebevoll an die Hand und führt Dich. Er gibt Dir Weisungen, Ermahnungen, Impulse und Anleitungen. Du kannst Dich an ihn wenden, er ist wie ein väterlicher Freund, er wird Dir immer helfen. Du solltest ihm stets mit Demut und Dankbarkeit begegnen, denn Du „darfst" ihn beherbergen. Er wird ein wenig Deinem Wesen entsprechen, sonst hättest Du ihn nicht erwählt. Ist er bei Dir eingezogen, so färbt seine Wesensart auf Dich ab, Du strahlst seine Energie aus.

Innerer Kosmos

Deinem Kronenchakra entspricht der Innere Kosmos. Wenn Du Dich in ihn hinein begibst, bist Du im All. Schwerelos, jenseits von Raum und Zeit. Du kannst wie ein Astronaut durchs All reisen, erlebst Leichtigkeit und Beweglichkeit. Vielleicht wird Dir bei den ersten Ausflügen im Inneren Kosmos schwindelig. Zwei hellblaue Engel begleiten Dich auf Deinen Übungsflügen, sie stützen deine Arme. Hast Du Dich an die Schwerelosigkeit gewöhnt, dann kannst Du alleine reisen. Es ist eine andere Art der Meditation, ein Beispiel dafür, was Engel unter Meditation verstehen.

Einsatz der Engel im Alltag

Deine persönlichen Engel, sowie alle anderen Engel und Erzengel, können Dir in Deinem Alltag sehr hilfreich sein. Sie reinigen, heilen, schützen, beraten, sie lehren Dich. Du kannst Engel auch zu anderen Menschen schicken. Sie stehen ihnen dann bei, schenken Frieden, Liebe und Heilung. Selbst an bestimmte Orte und Regionen kannst Du Engel senden. In ein Kriegsgebiet, zu zerstörten Landschaften, in Regionen mit bedrohter Umwelt. Um Landschaften und Regionen kümmern sich höhere Engelshierarchien. Um sie senden zu können, musst Du nicht wissen wie sie heißen. Es reicht, wenn Du tief in Deinem Herzen den Wunsch formulierst, ihnen den Auftrag erteilst. Die richtigen Engel werden sich finden, vertraue darauf!

Räume reinigen mit Erzengel Michael

Du kannst Erzengel Michael darum bitten, Deine Wohnung zu reinigen. Bitte ihn alles zu transformieren, was nicht Licht und Liebe ist und zu diesem Zeitpunkt transformiert werden darf. Aus Deiner Wohnung hinaus werfen, soll er alles andere, was noch nicht transformiert werden darf. Das bedeutet: Er macht negative Energien unschädlich. Wie zum Beispiel energetische Altlasten von Vormietern, „dicke Luft" nach einem Streit, oder verdunkelte Wesen und Energien, die dich negativ beeinflussen wollen. Erzengel Michael schafft Dir dadurch einen geschützten Raum, voller Licht und Liebe, in dem Du den Weg ins Licht gehen kannst. Streitgespräche und Diskussionen solltest Du in geschlossenen Räumen vermeiden. Deine Engel kommen ansonsten mit dem Säubern nicht nach. Verlagere Dein Gespräch ins Freie. Unstimmige Schwingungen werden dort leichter neutralisiert. Naturwesen übernehmen diese Aufgabe. Die energetische Ebene Deiner Wohnräume, kannst Du auch folgendermaßen reinigen: Mit lauter, schöner, harmonischer Musik. Mit Tanz und Gesang. Mit herzlichem Lachen - Humor wirkt wie Licht. Oder, indem Du in alle Himmelrichtungen ein Vater Unser sprichst. Natürlich kannst Du auch die Naturwesen, die mit Dir leben, darum bitten.

Reinigen mit Erzengel Gabriel

Mit Erzengel Gabriel kannst Du Deine Gedanken-strukturen und Gegenstände reinigen, sowie Emotionen beruhigen. Der physische, menschliche Körper ist von mehreren energetischen Körpern umgeben. Etwa eine Armlänge vom Körper entfernt, befindet sich der Mentalkörper. Er ist Träger Deiner Gedanken und Ideen, sowie rationaler und intuitiver Erkenntnisse. Je klarer Deine Gedanken und Erkenntnisse sind, desto klarer und strahlender ist Dein Mentalkörper. Somit fördert das Reinigen der Gedankenstrukturen Deine klaren Gedanken, Du bekommst Durchblick. Erzengel Gabriel kann auch Deinen Emotionalkörper reinigen, um Deine Emotionen zu beruhigen. Gib ihm dazu den Auftrag, wenn Du nervös, ängstlich, zittrig oder einfach durch den Wind bist.

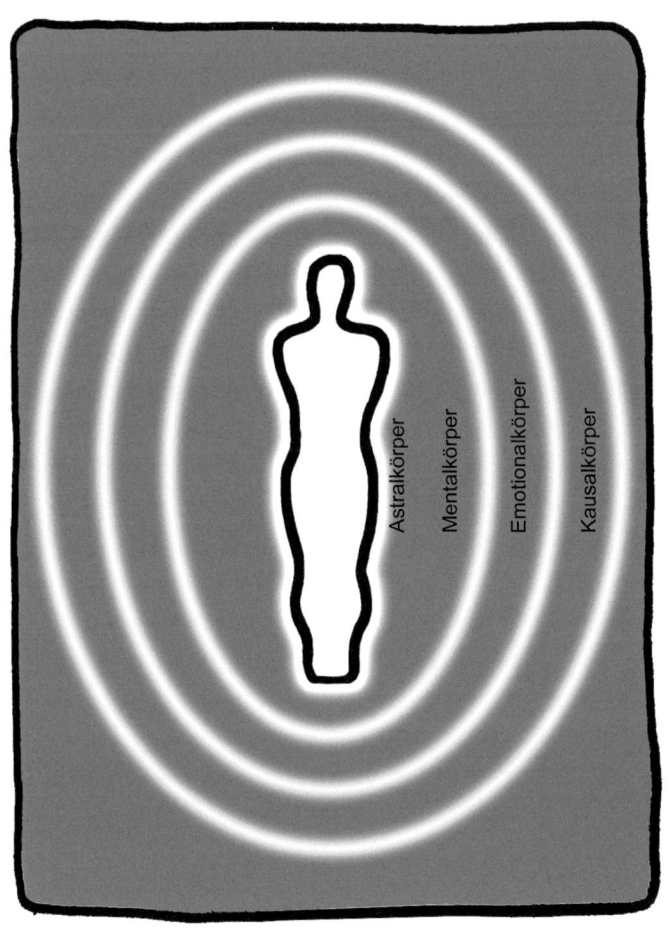

Möchtest Du Gegenstände von energetischen Altlasten seiner Vorbesitzer befreien, dann rufe Erzengel Gabriel. Du solltest ihn jedoch bei seiner Arbeit unterstützen. Bevor Du beginnst: Erde und zentriere Dich gut, stelle Dich stabil hin, konzentriere Dich auf Dein Herzchakra, bleibe dort mit einem Teil Deiner Aufmerksamkeit. Bitte nun Deine geistigen Helfer um Schutz: „Liebe geistige Welt und liebe Engel, bitte legt ein Licht um mich, das mich liebt und schützt und mir hilft mich zu konzentrieren." Rufe nun Erzengel Gabriel und bitte ihn alles zu transformieren, was an diesem Gegenstand nicht Licht und Liebe ist. Stelle Dir nun vor, wie Du den Gegenstand in weiß-goldenes Licht tauchst. Schicke das Licht durch den Gegenstand hindurch, außen vorbei, hülle es in eine Blase aus goldenem Licht. Versuche den Gegenstand, wie ein Scanner zu durchleuchten. Erkennst Du, bei geschlossenen Augen, noch dunkle Stellen? Schicke dort goldenes Licht hin, bis sie verschwunden sind. Es kann schon eine ganze Weile dauern, bis ihr fertig seid. Bedanke Dich bei Erzengel Gabriel und bei Deinen geistigen Helfern. Nach getaner Arbeit, wasche bitte Deine Hände, spüle gut den Mund aus und trinke danach ein halbes Glas Wasser.

Vergangenheit aufpolieren

Von Zeit zu Zeit solltest Du Deine Vergangenheit abstauben, sie aufpolieren wie eine Goldmünze. Dein Führungsengel hilft dir dabei, wenn Du ihn darum bittest. Erinnere Dich an schlimme Situationen. Situationen, in denen Du entweder Opfer oder Täter warst. Stelle Dir davon eine Schlüsselszene vor. Bitte nun Deinen Führungsengel um Reinigung. Hülle das Bild in goldenes Licht, durchflute es. Dabei machst Du Entdeckungen, erkennst Täuschungen, korrigierst falsche Bewertungen, relativierst, verzeihst, oder lernst Helden realistischer einzuschätzen. Intuitiv wirst Du merken, wann es genug ist.

Sich leeren mit Engeln der Reinigung

Bitte vier Engel der Reinigung, sich um Dich herum aufzustellen, jeweils einen Engel zu jeder Seite. Bitte sie alle Gedanken und alles Alte aus Dir heraus zu ziehen und zu transformieren. Vom Himmel herab bis zu Deinem Kopf strahlt ein weiß-goldenes Licht. Atme es ein. Verteile es im ganzen Körper, tanke jede Zelle mit diesem Licht auf. Gib beim Ausatmen alle Gedanken an die Engel der Reinigung ab. Vielleicht möchte auch dunkles, dreckiges Licht nach außen zu den Engeln abfließen, lass es zu. Bedanke Dich bei den Engeln für ihre fleißige Arbeit. Durch diese Reinigung entsteht: Leere und Stille in Dir. Du schaffst Platz, damit Gott durch Dich wirken kann. Dadurch wirst Du Deine Innere Stimme besser hören können.

Illusionswelten heilen

Erzengel Gabriel kann Deine Illusionswelten heilen. Du solltest ihn regelmäßig darum bitten. Er schenkt Dir Heilung von Illusionen, die zwischen Dir und Gott stehen. Phantasien, die Du durch Ängste oder Wünsche aufgebaut hast. Ängste entstehen Durch Unwissenheit. Steigere Dich nicht in Phantasien hinein, bemühe dich um Aufklärung. Suche nach der Wahrheit! Achte darauf, wann Dein Eigenwille Illusionen aufbaut und sich damit gegen Gott stellt. Wenn Du möchtest, dass Gott durch Dich wirkt, Dir den Himmel auf Erden schenkt, dann finde heraus was sein Wille ist.

Vergangenheit heilen

Begib Dich in Deine Innere Krypta. Knie nieder vor Dein Inneres Kind, bete das Vater Unser. Denke an die schlimme Situation Deiner Vergangenheit, in der Du Opfer oder Täter warst. Halte sie in einer Schlüsselszene fest. Stelle sie Dir als Miniaturausgabe vor, die Du in Deinen Händen trägst. Halte sie nun Deinem Inneren Kind hin, bitte es um eine Berührung mit seinem Händchen. Schweige und warte. Die Berührung wird Dich von schlimmen Erinnerungen, von schweren Verletzungen und von karmischer Schuld befreien. Vergiss nicht Dich zu bedanken!

Zukunft heilen

Du kannst Dein Inneres Kind auch um Heilung der Zukunft bitten, wenn Du eine Naturkatastrophe oder ökologische Probleme befürchtest. Wie zum Beispiel das Schmelzen der Pole, den Anstieg des Meeresspiegels. Dein Inneres Kind heilt keine persönlichen Probleme, nur allgemeine und realistische Befürchtungen. Finde eine Schlüsselszene der schlimmen Vision, die Du zu einem Miniaturgebilde verdichtest. Halte es dem Inneren Kind entgegen, bitte um Heilung. Du kannst also darum bitten, eine Katastrophe abzuwenden, um die nächsten Generationen zu schützen.

Heilung durch Erzengel Raphael

Rufe Erzengel Raphael, bitte ihn anwesend zu sein. Er strahlt in wunderschönem lind-grünem Licht. Konzentriere Dich, im Stehen oder auf dem Rücken liegend, auf Dein Herzchakra, bitte nun Erzengel Raphael um Heilung. Kannst Du ihn spüren? Schließe die Augen. Erkennst Du seine Bewegungen? Erzengel Raphael schenkt Heilung auf allen Ebenen, auf körperlicher, geistiger und seelischer. Wenn Du möchtest entzünde während Eurer Begegnung und in den Tagen danach eine lind-grüne Kerze. Segne sie mit den Worten: „Ich segne Dich im Namen des Vaters, des Sohnes und des heiligen Geistes. Ich danke Dir heiliger Erzengel Raphael, dass Du anwesend bist und mir Heilung schenkst!"

Erdung mit Erzengel Uriel

Steh stabil, Füße parallel, hüftbreit geöffnet. Kon-
zentriere Dich auf Dein Wurzelchakra. Bitte nun
Erzengel Uriel, um Unterstützung bei Deiner Erdung.
In flammendem Rot erscheint er. Er lehrt Dich
Wurzeln zu schlagen, Dich mit dem Erdenfeuer zu
verbinden, Mutter Erde zu lieben und Deinen Platz
in diesem Leben einzunehmen. Lass Deine Energie
tief in die Erde einfließen. Stell Dir vor, wie Du lange
Wurzeln in alle Richtungen, einen gigantischen
Wurzelstock ausbildest. Fühle das Feuer von Uriel,
das Dein Wurzelchakra entflammt. Spüre wie es
Deinen Schoß, Beine und Füße umhüllt.

Landschaftsheilung mit Erzengel Jophiel

Jophiel schenkt Dir Frieden, Ruhe und Ausgeglichenheit. Mit seiner Hilfe siehst Du die Natur mit liebenden Augen. Durch ihn öffnest Du Dein Herz und verteilst Dein Licht der Liebe in der Natur. Erzengel Jophiel steht dann vor Dir, er legt seine Hand auf Dein Herzchakra, Deinen Brustkorb. Mit seiner Energie löst er alle Verhärtungen, damit Dein Herz überfließen kann vor Liebe. Spürst Du es? In alle Richtungen verteilt sich Dein Licht der Liebe und du umarmst die Natur.

Entdeckst Du Stellen und Gebiete in der Natur, die Jophiels Heilung benötigen, so schicke ihn dorthin.

Erdheilung mit Engeln des Goldenen Zeitalters
Setze Dich an Deinen Altar. Schließe die Augen.
Stell Dir vor, wie Du dich nach oben ins All treiben
lässt. Betrachte unseren Planeten Erde von dort.
Hülle ihn nun in goldenes oder lind-grünes Licht
und durchflute ihn. Bitte den Engel des Goldenen
Zeitalters um Unterstützung. Kannst Du seine
Engelscharen sehen? Mache diese Übung solange
bis alle dunklen Stellen verschwunden sind, bis
Mutter Erde in sattem, goldenem Licht strahlt.
Bitte den Engel des Goldenen Zeitalters auch Dich
in sein goldenes Licht zu hüllen. Er hilft Dir, die sich
verändernden Muster des Lebens anzunehmen. Er
gibt Dir Kraft, das Neue zu integrieren. Bedanke
Dich bei Mutter Erde, dass Du ihr helfen durftest
und bei den Engeln des Goldenen Zeitalters für
ihre Unterstützung. Komm zurück zur Erde und
verwurzele Dich wieder gut!

Organisiere Deinen Tagesablauf

Zu Deinen himmlischen Begleitern zählen Engel des Tages und der Nacht. Ja sogar Stundenengel begleiten Dich. Bis die Sonne erwacht, ist ein silberner Nachtengel an Deiner Seite. Ihn kannst Du um Rat fragen, wie Du sinnvoll Deine Zeit einteilst. Tagsüber kannst Du Deinen goldenen Tagesengel fragen, wie Du Deine Arbeitsabläufe koordinieren solltest. Diese Engel wissen Bescheid über Deine Tagesform, wissen wann Du am effektivsten welche Arbeit verrichtest oder ob Du sie überhaupt an diesem Tag tun solltest. Jeder Tag hat eine bestimmte Grundstimmung, die für alle Menschen ähnlich ist. Der Tagesengel gibt Deinem Tag seine Prägung. Sie ist mit Deiner Stimmung identisch. Begrüße Deinen Tagesengel, frage wie es ihm heute geht!

Schutz mit Erzengel Michael

Erzengel Michael beschützt Dich vor negativen Energien, verdunkelten Wesen, vor allem was Dir schadet. Dies tut er mit seinem Lichtschwert oder indem er sich, wie ein schützender Mantel, um Dich legt. Bitte ihn Dich zu begleiten, bei Dir zu sein. Er soll Dir Zeichen geben, sobald Energien und Menschen nahen, die Gift für Dich sind. Bitte ihn Dich wach zu rütteln, damit Du voller Achtsamkeit die Situation meistern kannst. Zentriere Dich sofort, spüre Deine Achse, die Dich mit Himmel und Erde verbindet. Grenze Dich bewusst ab. Konzentriere Dich auf Dein Herzchakra, dehne Dein Licht der Liebe nach allen Seiten aus. Hülle Dich komplett in eine Blase aus Licht und Liebe, damit bist Du gut geschützt!

Gib Deine Sorgen ab

Verdichte all Deine sorgenvollen Gedanken und visualisiere, wie sie aus Deinem Kopf in einen Luftballon fließen. Beschrifte ihn, wenn Du magst. Sammle allen Kummer und Schmerz, der Dein Herz bedrückt und lass auch ihn in einen Ballon hinein strömen. Gib Deine Probleme an die Engel ab, indem Du die Luftballons in den Himmel aufsteigen läßt. Lass los! Sieh, wie die Engel sie entgegen nehmen. Bitte Gottes Boten, um Hilfe in Deiner Lebenssituation. Bitte die Engel, Deine Sorgen, Schmerzen und Kummer, in Liebe und Vertrauen zu transformieren. Dann vertraue voll und ganz darauf, dass sich Dein Problem mit ihrer Hilfe zum Guten wendet.

Engel senden

Engel der Liebe

Den Engel der Liebe kannst Du einem Menschen, mit verhärtetem Herzen, senden. Er wird es aufbrechen und seine Liebe entflammen. Sende ihn an Menschen, die sich streiten. Der Engel der Liebe öffnet ihre Herzen für einander. Sende diesen Engel an eine ängstliche oder traurige Person. Er hüllt sie in seine Liebe, hält sie in seinen Armen. In Obhut des Engels der Liebe fühlt sich dieser Mensch geborgen, geliebt und beschützt. Durch seine Energie der Liebe, fühlt sich die Person verbunden, mit allem eins, all-ein und nicht einsam.

Engel der Wehmut

Sende den Engel der Wehmut einem Menschen, der Gott vergessen hat oder sich aus Enttäuschung gegen ihn gestellt hat. Er spielt für ihn die Laute, bringt sein Herz zum klingen und seine Seele erwacht. Er wird sich an das erinnern, wozu er den Zugang verloren hat. Der Engel der Wehmut lässt es aufleuchten, als Hoffnung und Erwartung auf das Kommende. Der Engel weckt seine Wehmut auf das, was er später einmal empfinden und sein wird.

Blauer Engel

Sende einem Menschen den Blauen Engel, er wird sein Vertrauen und seine Hoffnung stärken. Der Blaue Engel spreizt die Flügel, berührt damit Vergangenheit und Zukunft, er bildet somit eine Brücke. Schick ihn zu Menschen, die in Unruhe leben, weil sie in Konflikt mit anderen Menschen sind. Rufe den Blauen Engel, nenne ihm die Namen der "Streithähne", bitte ihn beide in die richtige Distanz zueinander zu bringen. Er stellt die richtige Nähe oder Ferne her, die heilsam wirkt. Hass zum Beispiel ist eine Emotion, die genauso stark wie Liebe, Nähe erzeugt. Dann sorgt der Blaue Engel dafür, die enge Bindung aufzulösen und die richtige Entfernung zu finden. Es bedeutet nicht die Auflösung der Beziehung, sondern nur eine Distanzierung.

Andreas Engel

Die Andreas Engel, sind Engel des Weges, sie begleiten suchende Menschen auf ihrem Schulungsweg zu Gott und sich selbst. Der Andreas Engel leuchtet korallenrot mit ein wenig Grün. Sein grünes Licht wirkt heilsam auf die Psyche. Der Andreas Engel beschützt vor Übereifer und Nachlässigkeit, Hochmut und Verzagen, vor Übereilung und Bequemlichkeit. Wenn Du merkst ein Mensch hat Schwierigkeiten oder Stillstand auf seinem spirituellen Weg, etwa durch Übereifer oder Hochmut, da er sich bereits als Meister wähnt, dann schicke ihm einen Andreas Engel. Sende ihn an Menschen in schwierigen Lebenssituationen. Lebenskrisen sind immer Prüfungen auf dem Schulungsweg. Was wollen sie lehren und kräftigen? Mut, Vertrauen, Durchhaltevermögen, Zähigkeit oder Geduld?

Friedensengel

Die Friedensengel kannst Du zu Menschen schicken, die sich in Konflikten befinden, sich streiten oder mit sich selbst in Unfriede sind. Du kannst Friedensengel auch in ein Krisen- oder Kriegsgebiet schicken. Mit seiner Energie hilft der Friedensengel Lösungen zu finden, Kompromisse einzugehen, er beruhigt die Gemüter und öffnet die Herzen. Er bringt inneren Frieden, damit Frieden im Außen möglich ist. Er hilft Menschen zu verstehen, zu relativieren und zu vergeben. Indem er uns Augen und Herz öffnet, erkennen wir, dass es nicht viel braucht, um in innerem Frieden zu leben.

Christuslicht

Das Christuslicht ist ein intensives weißes Licht, das direkt aus den Herzen der Engelscharen auf unsere Erde herabströmt. Es löst veraltete Muster, Strukturen, Widerstände auf. Liebevoll dringt es durch alle Schichten unseres Seins. Das Christuslicht bringt das neue Licht des Wassermann-Zeitalters. Über die Herzen der Menschen, dringt seine Energie in Mutter Erde ein und heilt die Natur. Du kannst die Engel bitten das Chistuslicht zu anderen Menschen zu senden, in der Natur zu verteilen oder darum bitten, es selbst zu empfangen. Zum Wohle aller Wesen ist diese Energie ein Geschenk der neuen Zeit.

Stabilisiere Dich!

Äußerer Engelkreis

Du kannst Engel erbitten, die sich schützend im Kreis um Dich herum aufstellen. Die Anzahl dieser Engel ist individuell unterschiedlich und kann variieren. (Mich umgeben momentan 10 Engel.) Wenn Du sie morgens um Dich herum aufstellst, sie begrüßt, Dich bei ihnen bedankst, begleiten sie Dich den ganzen Tag über. Dieser äußere Kreis aus Engeln gibt Dir Rückendeckung. Sie helfen Dir Deinen Raum einzunehmen, Dich auszudehnen. Sie halten alle Wesen fern, die aufdringlich sein könnten.

So kannst Du sie in Dein Leben rufen, sie aktivieren: Stell Dich vor Deinen Altar, entzünde eine Kerze. Segne sie mit den Worten: „Ich segne Dich im Namen des Vaters, des Sohnes und des heiligen Geistes." Richte Dich nun an Jesus Christus. Bitte ihn um Engel, die Dich täglich begleiten, indem sie einen Kreis um Dich bilden. Sie sollen Dich bei Deiner spirituellen Entwicklung unterstützen. Warte und spüre, wie sich die Engel um Dich herum aufstellen. Bedanke Dich bei Jesus und wende Dich Deinen Engeln zu.

Dein Verstand wird es schwer begreifen können: Egal wo Du stehst und wie eng es gerade bei Dir ist, Engel haben immer und überall Platz. Die Welt der Engel existiert außerhalb von Raum und Zeit.

Begrüße Sie, danke ihnen, sie werden Dich nun Dein ganzes Leben lang begleiten! Beobachte sie, kannst Du erkennen was sie tun? Lass Dein lindgrünes Licht der Liebe, aus Deinem Herzchakra, zu ihnen fließen oder schenke ihnen rote Herzen zum Dank. Spüre ihren Schutz. Wie fühlt sich Dein Körper an? Merkst Du wie er sich entspannt, Du tief einatmest, los lässt? Lass Dich fallen, Deine Engel tragen Dich!

Mit folgenden Worten solltest Du am Morgen Deinen Äußeren Engelskreis einladen: „Liebe Engel vielen Dank, dass Ihr mich umgebt. Vielen Dank, dass ihr mir all Eure Liebe schenkt und mich auch heute wieder unterstützt." Lass das Licht deiner Liebe zu ihnen fließen und bedanke Dich aus tiefstem Herzen.

Innerer Engelkreis

Um den inneren Engelskreis zu bilden, kannst Du Erzengel bitten Dich zu begleiten. Grundsätzlich ist es besser den Engeln oder Erzengeln für etwas zu Danken, als um etwas zu bitten. Auch den Inneren Engelskreis solltest Du morgens um Dich herum aufbauen.

Bitte Erzengel Michael zu Deiner Rechten, indem Du dankst: „Vielen Dank heiliger Erzengel Michael, dass Du mich zu meiner rechten Seite begleitest. Vielen Dank, dass Du mich auch heute wieder vor allem Bösen und Negativen verteidigst und mich beschützt!" Siehst Du ihn mit geschlossenen Augen, erkennst Du sein Lichtschwert, sein saphierblaues Gewand?

Bitte Erzengel Raphael, sich hinter Dich zu stellen: „Vielen Dank heiliger Erzengel Raphael, dass Du hinter mir stehst. Vielen Dank, dass Du Deine großen Flügel ausbreitest, mir Schutz und Rückendeckung gibst! Vielen Dank, dass Du mir all Deine Liebe und Heilung zufließen lässt!" Erkennst Du ihn, siehst Du sein lind-grünes Lichtgewand?

Bitte Erzengel Gabriel zu Deiner Linken Seite, indem du sprichst: „Heiliger Erzengel Gabriel, vielen Dank dass Du mich zu meiner linken Seite begleitest. Vielen Dank, dass Du all meine Gedankenstrukturen reinigst, meine Emotionen glättest und meine Illusionswelten heilst!" Warte. Spürst Du seine Anwesenheit? Erkennst Du sein Licht? Er hält ein weißes Schwert und eine weiße Fackel.

Rufe Erzengel Uriel, damit er Dir voran schreitet: „Heiliger Erzengel Uriel vielen Dank, dass Du mir voran gehst, mir den Weg frei machst von allen Schwierigkeiten!" Stelle Dir dabei einen Weg vor, der hell und frei, geradeaus führt. „Heiliger Erzengel Uriel vielen Dank, dass Du mich lehrst Mutter Erde zu lieben und mir hilfst mich zu erden!" Erkennst Du sein rubinfarben goldenes Licht?

Zum Abschluss kannst Du Dir, je nach Tagesverfassung, bestimmte Gefühle schicken lassen. Du könntest sagen: „Liebe Engel vielen Dank, dass ihr mir ein Gefühl von Schutz und Geborgenheit schenkt. Vielen Dank für das warme, angenehme Körpergefühl von Kopf bis Fuß. Vielen Dank, dass ihr mir heute ein unendlich großes Gefühl von Vertrauen schenkt. Vertrauen darauf, dass sich bereits jetzt, alle Bereiche meines Lebens zum Allerbesten entwickeln!" Fühle, spüre nach, wie das Gefühl bei Dir ankommt.

Außerdem kannst Du Deine Engel darum bitten, Dich an bestimmte Dinge zu erinnern. Wie zum Beispiel: „Vielen Dank, dass Ihr mich mehrmals täglich daran erinnert, mich auf mein Herzchakra zu konzentrieren und das Licht meiner Liebe nach allen Seiten auszudehnen! Vielen Dank, dass ihr mich öfters daran erinnert meinen Inneren Körper, meine einzelnen Körperteile zu spüren, mich gut zu erden. Und so weiter ...

Verbinden mit Himmel und Erde

Auch diese Übung solltest Du jeden Morgen machen. Sie zentriert Dich, stellt Dich in die vertikale Achse zwischen Himmel und Erde. Ein Helferengel des Erzengel Jophiel möchte diese Achse bilden, damit Du Dich daran ausrichten kannst. Angeschlossen an Deine Himmel, von denen Du unterstützt wirst, und angebunden an Mutter Erde, die Dich nährt, können die Energien optimal fließen. Du nimmst Deinen Raum auf der Erde und Deinen Platz in diesem Leben ein.

Wichtig bei dieser Übung ist, wie bei allen anderen Übungen auch, dass Du im Herzen spürst was Du sagst. Es ist nicht besonders wirkungsvoll, Deine Bitte bzw. den Dank monoton aufzusagen.

Bitte um einen Helferengel des Erzengel Jophiel. „Lieber Helferengel des Jophiel vielen Dank, dass Du hinter mir, direkt an meiner Wirbelsäule stehst. Bitte schick mir eine angenehme Wärme, damit ich Dich spüren kann. Bitte bilde eine Achse entlang meiner Wirbelsäule, die weit in Mutter Erde - bis zum Erdenfeuer - und weit in meine Himmel hinein ragt, an der ich mich orientieren und ausrichten kann!" Verbinde Dich mich mit Mutter Erde und mit Deinen Himmeln. "Bitte verbinde die Energie meiner Himmel mit der Energie von Mutter Erde, damit sie sich austauschen können, wann immer sie wollen. Vielen Dank für Deine Hilfe!"

Kinder lernen Engel kennen

Amrai ist ein weiblicher Engel, in Gestalt einer liebevollen Kinderfrau. Amrai trägt ein dunkelblaues Gewand und eine blaue Kopfbedeckung. Ihr Name ist aus den Buchstaben des Namens „Maria" gebildet. Ist Dein Kind ängstlich, unruhig oder krank? Hat es Schwierigkeiten und braucht besondere Zuwendung? Dann wende Dich an Amrai.

Übungen mit dem Schutzengel

Erzähle Deinem Kind von Engeln, vor allem von seinem Schutzengel. Erkläre ihm, dass sein Schutzengel ihn das ganze Leben über begleitet und beschützt. Erzähle, dass er Dein Kind kennen lernen und mit ihm befreundet sein möchte. Sag Deinem Kind zum Beispiel:

"1. Du kannst ein Bild deines eigenen Schutzengels malen und im Kinderzimmer über das Bett hängen.

2. Mache Dir klar, dass der Schutzengel hinter Dir oder rechts neben Dir steht, und versuche seine Stimme im rechten Ohr zu hören. Du kannst ihm Fragen stellen und seinen Antworten erlauschen.

3. Wenn etwas schief läuft achte darauf, ob der Schutzengel eine Hand auf Deine Schulter legt oder ob er Dich zupft.

4. Schaue bei Deinem Bett, wo der Lieblingsplatz Deines Schutzengels ist: meist am Fußende des Bettes. Abends kannst Du alles dem Schutzengel erzählen, z. B. das, was die Eltern nicht verstehen, alles, wo es Ärger gab, worüber du traurig bist. Du kannst den Schutzengel bitten, dass er tut, was er kann, um das Problem zu lösen. Meistens ist es am nächsten Morgen dann gut.

5. Du kannst Deinen Freund (oder andere Kinder) mit deren Schutzengel malen.

6. Mache einmal Hindernislaufübungen in der Gruppe mit anderen Kindern. Baut euch einen Parcour auf. Nun geht mit geschlossenen Augen hindurch, von euren Schutzengeln geführt. Ihr werdet sehen: das geht!

7. Du kannst im Sandkasten mit dem Schutzengel malen, indem du dir den Zeigefinger der rechten Hand vom Schutzengel führen lässt. Dann versuche, mit Kreide oder Wasserfarben ein Bild zu malen und die Hand vom Schutzengel führen zu lassen.

8. Der Schutzengel hat gute Ideen, wie man etwas Liebes tun kann. Insbesondere, wenn es Streit gab. Dann sagt er Dir, wie Du alles wiedergutmachen kannst. Du brauchst ihn nur zu fragen: Was meinst Du was soll ich jetzt machen, was kann ich jetzt Liebes tun, wie kann ich den Patzer wiedergutmachen? Dann lausche nach rechts. Seine Antwort wird unterschiedlich sein, z. B.:

Schenke eine Blume.

Male ein Bild.

Gib einen Kuß.

Entschuldige Dich.

Nimm die Mutter in den Arm.

Hast Du z. B. mit der Lehrerin Streit, kannst Du das dem Schutzengel zuflüstern, der soll es dem Schutzengel der Lehrerin sagen, und dann wird sich etwas tun. Das gilt auch für Streit mit den Eltern und anderen, mit denen du nicht zurechtkommst, von denen du dich unverstanden oder benachteiligt fühlst.

9. Abends achte darauf, ob der Schutzengel traurig an deinem Bett sitzt. Frage ihn, was mit ihm los ist. Soll ich etwas anders machen? Wenn der Schutzengel traurig ist, hat er meistens etwas zu sagen, was wir besser machen können.

10. Der Schutzengel kann nicht umgetauscht werden. Man hat ihn das ganze Leben. Am besten ist es, wenn Du mit ihm gut befreundet bist"

(Kriele, Alexa: Wie im Himmel so auf Erden, Band 2, Hugendubel, München 2005, S.195, S.196, S.197.).

Eine kleine Engelgeschichte

„Träume süß, mein kleiner Engel!", sagte die Mutter zur kleinen Lena, gab ihr einen Kuss auf die Stirn und ging aus dem Zimmer. Sie hatte die Türe einen Spalt offen gelassen, so kam genug Licht herein. Lena kuschelte sich in ihr warmes Bettchen, so war es gut. Sie wollte nicht im Dunkeln schlafen, das machte ihr Angst. Sie liebte es die leise Stimme von Mama zu hören, wenn sie telefonierte oder das Gemurmel der Menschen, die im Fernseher sprechen. „Heute Nacht will ich träumen ein Engel zu sein", dachte sie und schaute zu den Leucht-sternen über ihrem Bett. Sie wollte fliegen wie ein Engel. Ja, heute Nacht wollte sie ein echter Engel sein! Warm eingewickelt in ihre flauschige Decke, schlief sie schnell ein. Schon nach ein paar Minuten, träumte sie. Was träumte sie? Was glaubst Du? War sie wirklich ein Engel? Sie war ein Engel! Und was für ein schöner! Golden glitzernd, mit großen Flügeln. Und sie konnte fliegen! „Oh wie schön!", rief sie. Sie tanzte in der Luft, schwebte durch die

Wolken und drehte Pirouetten. Sie lachte laut vor Freude, es war wundervoll ein Engel zu sein. Nach ein paar Minuten merkte sie, dass sie arbeiten gehen sollte. Welche Arbeit überhaupt? „Ach so", rief sie „ich bin ja ein Schutzengel. Meine Aufgabe ist es, ein Kind zu beschützen!". Sie flog nach Hause zu dem Kind, auf das sie aufpassen sollte. Sie machte große Augen, als sie das Mädchen sah. Sie selbst war es. Sie war ihr eigener Schutzengel! „Das ist ja lustig!", rief sie begeistert. Sie sah sich im Garten spielen. „Ok gut", dachte sie „dann passe ich mal auf mich auf, das wird ja nicht so schwer sein!". Im Garten spielte die kleine Lena fröhlich im Sandkasten. Nach einer Weile sprang die Kleine auf und spielte mit ihrem Lieblingsball. „Das Leben als Schutzengel habe ich mir toller vorgestellt. Das ist aber langweilig, nur zuschauen und aufpassen, ich würde viel lieber mitspielen!" Kaum hatte sie das gedacht, da rollte plötzlich der Ball auf die Straße. Die kleine Lena rannte hinterher. „Jetzt bekomme ich aber mächtig was zu tun! Da kommt nämlich ein Auto und oh Schreck, der fährt ja viel zu schnell!" Der Mann im Auto hörte gerade eine spannende Geschichte im Radio und vor lauter zuhören vergaß er auf die Straße zu schauen. Er merkte nicht, dass Lena ihrem Lieblingsball hinterher rannte. Laut rief sie dem Schutzengel des Autofahrers zu: „Hej, Vorsicht! Rüttle Deinen Menschen wach, damit er nach vorne schaut!" Das tat der andere Schutzengel dann auch. Der Autofahrer bremste so stark, das die Reifen laut quietschten. Mit aller Kraft schob sie als Schutzengel ihre kleine Lena von hinten an, damit die schneller rennen konnte. Fast hätte das Auto die Kleine erwischt. Nur ganz knapp, schaffte sie es, das Mädchen auf die andere Seite der Straße zu retten. „Puuh, das ist ja gerade noch mal gutgegangen, als Schutzengel muss man ganz schön aufpassen und immer wach bleiben!" Lenas Mutter rannte aufgeregt aus dem Haus und entschuldigte sich bei dem Autofahrer. Sie packte Lena am Arm und zog sie zurück zum Garten. Die Mutter schimpfte laut: „Wie oft hab ich dir gesagt, du sollst nicht auf die Straße rennen!?" Lena schrie laut zurück, sie tobte und weinte. Die Kleine wollte sich aus den Armen der Mutter befreien und weg rennen. Das Geschrei beobachtete sie nun als Schutzengel. Wie oft hatte sie das schon selbst erlebt. Sie wurde geschimpft, weil sie nicht brav war. Wenn sie etwas wollte, was die Eltern aber nicht erlaubten, dann fing sie erst einmal an laut zu schreien. Jetzt als Schutzengel tat ihr das Geschrei und der Lärm furchtbar weh. Sie bekam schlimme Kopfschmerzen und hielt sich fest die Ohren zu. Sie begann sogar zu zittern und ihr wurde schrecklich heiß. „Hört auf damit!", rief sie verzweifelt, aber niemand konnte sie hören. Da bekam sie furchtbare Angst und erwachte aus ihrem Traum. Sie war ganz nass geschwitzt. Erschrocken setzte sie sich in ihrem Bettchen auf. Das Licht im Flur brannte noch und sie hörte die Stimmen der Erwachsenen. Sie beugte sich zum Fußende, denn dort saß nachts immer ihr Schutzengel. „Lieber Schutzengel", flüsterte sie „ich weiß jetzt, wie schwer es ist auf mich auf zu passen. Ich verspreche Dir ein braves Mädchen zu sein!". Müde, ließ sie sich zurück ins Kissen fallen. Lena schlief sofort wieder ein und träumte. Sie flog durch die weichen Wolken und den blauen Himmel. Sie war ein wunderschöner goldener Engel. Sie kümmerte sich wieder um einen Menschen und passte auf, dass ihm nichts Schlimmes passierte. Dieses mal, hatte sie sehr viel Spaß dabei, denn es war ein braves, kleines Mädchen. Was meinst Du, wie hieß die Kleine?

Erkennst Du Deine Lebensaufgabe?

Die Liebe leben

Versuche Dich, so oft wie möglich auf Dein Herzchakra zu konzentrieren und lass das Licht Deiner Liebe nach allen Seiten ausströmen. Es ist Dein natürlicher Zustand, dass Liebe ausströmen möchte. Leider stehen ihr die meisten Menschen im Weg. Lass es zu, dass das Licht der Liebe in Dir frei fließt. Du brauchst nichts aktiv zu tun, geh einfach nur einen Schritt zur Seite und lass es geschehen. Mach der Liebe Platz! Das Licht der Liebe füllt den energetischen Raum, der Dich umgibt, es erhöht Deine Schwingung. Die Ausdehnung Deines spirituellen Energiekörpers, Kausalkörpers, kann dadurch bis zu mehreren Kilometern heran wachsen. Die Energie der

Liebe bewirkt Heilung bei Mensch und Natur, sie entspringt Deiner göttlichen Quelle und versiegt nie. Selbst wenn sich das Licht Deiner Liebe nur ein paar Meter weit ausdehnt, erreichst Du damit einige Menschen in Deiner direkten Umgebung. Deine Anwesenheit bewirkt bei ihnen Heilung. Doch Vorsicht, lass Dich nicht von Deinem Ego blenden, dass jetzt vielleicht triumphiert, wie toll Du bist! Es ist nicht Dein Verdienst, es wird Dir von Gott geschenkt. Es ist auch nicht wichtig wer Du bist, noch was Du tust. Es ist wichtig, dass Du bist. Du musst nichts besonderes tun, sondern einfach nur SEIN - in Achtsamkeit und Liebe im Moment sein. Die Menschen werden sich in Deiner Nähe wohl fühlen, denn du strahlst inneren Frieden aus. Du gibst ihnen Raum, so zu sein, wie sie wirklich sind und sie entspannen sich.

Mit Engeln und Naturwesen leben

Gemeinsam können Menschen, Naturwesen und Engel sich gegenseitig stärken, der Natur und den Menschen Heilung schenken. Sie können am großen Werk Gottes teilhaben, daran mitzuarbeiten die Schöpfung zurück ins Paradies zu führen. Naturwesen und Engel leben in unterschiedlichen Welten, nur in unserem Licht der Liebe ist ihre Begegnung möglich. Naturwesen sind von der göttlichen Mutter gesandt, sie entspringen dem Schoß von Mutter Erde. Engel kommen vom Vater, sie sind Botschafter Gottes. Einige Naturwesen, wie auch Engeln, fühlen sich berufen, mit uns Menschen zusammenzuarbeiten. Möchtest auch Du, Dein Licht der Liebe ausdehnen, damit sie sich bei Dir treffen können? Spürst Du den Wunsch, gemeinsam mit ihnen zu leben und zu arbeiten?

Buch des Wissens

Mein himmlischer Begleiter, Engel Nathael, ver-
kündete, dass mich am Abend, nach meiner Meditation, eine Überraschung erwarte. Der Große
Engel würde zu Besuch kommen. Aha. Ich war mir
nicht sicher, ob ich ihn richtig verstanden hatte
und fragte ein paar Mal nach. Also gut, ich wollte
mich überraschen lassen. Und wie ich überrascht
wurde! Ein großer Engel stand hinter mir, seinen
Namen sagte er noch nicht. Er war der Große
Engel und kam aus einer hohen Engelshierarchie.
Er hatte ein Geschenk für mich! Ich sollte die
Arme ausstrecken, die Hände aufhalten. Er legte
das Geschenk in meine Hände. Ich spürte einen
großen energetischen Gegenstand. Was war

das? Ich wusste es nicht sofort, dann kam: ein Buch! Ein Buch? Es war ein großes, dickes Buch mit Ledereinband. Der Titel lautete: Buch des Wissens. Ich war absolut überwältigt. „In diesem Buch findest Du Deine Seiten Suraya, dort steht alles Wissen, das Dir zufließen soll!" Ich wusste bereits, dass ein dritter Ratgeber entstehen sollte, in ihm sollten Übungen zum Leben und Arbeiten mit Naturwesen und Engeln erscheinen. Nun war es also besiegelt. Der Große Engel wollte mich in Etappen besuchen und das Buch des Wissens mitbringen. In seiner und Nathaels Gegenwart sollte ich daraus Übungen lesen. Diese sollte ich einige Zeit anwenden, Erfahrung sammeln und später davon berichten.

Austausch

Ich habe eine Internetseite erstellt, auf der Du von Deinen Erlebnissen mit Engeln berichten kannst. Lass uns an Deiner Freude teilhaben! Wahrscheinlich wird deine Geschichte andere LeserInnen ermutigen, bestätigen oder motivieren. Auf jeden Fall wird sie ihnen Hoffnung und ein Gefühl von Gemeinschaft schenken.

Vielleicht kennst Du noch niemanden in Deinem Umfeld, dem Du von Deinen Erlebnissen erzählen kannst. Komm zu **www.suraya-buecher.de**, dort lesen wir Deine Geschichte mit Begeisterung!

Ausbildungen

Wenn Du Dich berufen fühlst die Heilkräfte der Engel an Mensch und Natur weiter zugeben, so empfehle ich Dir folgende Ausbildungen. Durch Einweihung in Engelebenen, geschieht sehr viel Heilung und Du entdeckst Dein spirituelles Potential.

„Karuna Malachem - Heilung über die Liebe und das Licht der Engel" Karuna Prinz, Lichtzentrum Shakti de la Luz, Girona, Spanien, www.karuna-malachem. com

„TaraMa – Heilung durch das Licht der Engel" TaraMa, Lichtzentrum Barcelona, Spanien, www. tarama.eu

„Alpha Chi Consultants"
u.a. Einweihung in Kontaktebenen zu Engeln, Deiner Geistigen Führung und Naturwesen. Lichtzentrum Amritabha, Elsass, Frankreich, www.amritabha. com

Literatur

Kriele, Alexa: Wie im Himmel so auf Erden, Band 1 und 2, Hugendubel, München 2005.

Tolle, Eckhardt: Jetzt! Die Kraft der Gegenwart, Kamphausen, Bielefeld 2002.